QU'EST-CE QUE

LA

QUESTION ORIENTALE?

PAR

A. U. BONNAIRE,

Auteur des Entretiens du Bonhomme Mathieu sur le Commerce.

(A Paris, chez LOSS, rue Hautefeuille 10)

PARIS,

Chez DOYEN, Libraire,

Palais-Royal, Galerie vitrée.

1840

QU'EST-CE QUE LA QUESTION ORIENTALE?

I AVANT-PROPOS.

Syeies dans une brochure mémorable se demanda : *Qu'est-ce que le Tiers-état ?* Et il put facilement démontrer que, par la masse des agriculteurs , des manufacturiers , des négociants et des professions libérales , le tiers-état, c'était, moins une faible fraction, la nation toute entière.

Il n'est pas aussi facile de répondre à la question dont l'immense intérêt préoccupe si vivement les esprits.

Dire que la question orientale n'est dans sa plus large application qu'*une question commerciale*, un intérêt positif de passage, de libre transit, ce n'est ni l'expliquer, ni même la définir en telle sorte que l'on s'entende sur le fond des choses , pour leur appliquer les principes généraux , puisés dans le droit naturel et des gens.

Considérée sous ce rapport, la question orientale serait d'une plus haute portée pour le monde que celle des droits réclamés en 1789 en faveur des individualités françaises. Aujourd'hui c'est le droit des nations considérées comme des individualités de la grande famille humaine que défend un gouvernement fort et généreux. Fut-il jamais une plus noble cause que cette opposition de la France commerciale et industrielle , à toute ligue qui tendrait à usurper au profit d'un tiers les voies naturelles que la providence a créées pour la plus libre et la plus avantageuse communication des hommes entr'eux ! ! !

Essayer de mettre en action les principes et les faits qui se rattachent à la question c'est remplir un devoir et peut-être rendre quelque service. La pureté de l'intention, la grandeur du sujet nous vaudront-elles la bienveillance que nous reclamons ?..

QU'EST-CE QUE LA QUESTION ORIENTALE ?

Un peuple doit agir à l'égard des autres comme
il désire qu'on agisse à son égard ; ce qu'un
homme doit à un homme, un peuple le doit
à un autre peuple. (Article 3 de la Déclaration
du droit des gens).

Il n'y a pas un demi siècle que les légions françaises combattirent, vainquirent en face des Pyramides et du Monthabor.

Depuis la dernière entreprise d'un Roi plus pieux que sage en cette occasion, l'Européen armé n'avait point posé le pied sur la terre des Pharaons, ni sur le sol que domine le Liban, et qu'arrose le Jourdain.

Cette soudaine apparition des vainqueurs de Montenotte et de Lodi, vint rompre le sommeil séculaire de ces célèbres contrées.

L'esprit européen reposé, mûri, vivace, entreprenant, surprit et pénétra les imaginations brûlantes de l'Arabe admirateur passionné des grandes choses : et les mosquées du Caire retentirent de chants libérateurs.

Epoque mémorable où commence une ère nouvelle dont la seconde période semble s'ouvrir aujourd'hui.

Frappé de la puissance des arts modernes, un obscur soldat recueillit, comme un germe fécondant, la pensée de Bonaparte, et son génie oriental eut un successeur en Egypte, qu'il délivra d'une démocratie soldatesque, la pire de toutes les institutions, en ce qu'elle compte autant de tyrans armés que de membres.

Et cette terre médiane que le Nil a formée et qu'il se plait à féconder, l'Europe put espérer qu'elle deviendrait la voie naturelle de ses relations avec l'Inde.

Il n'est pas nécessaire de rappeler l'énergie que dut déployer la puissance dominatrice de cette contrée

pour expulser les Français de l'Egypte qui en 1807
sut a son tour, par le sabre de Méhémet Aly, se délivrer des Anglais.

De là, cette haine qui poursuit le détenteur de cette
voie commerciale.

Mais le grain était semé : fécondé par ce que l'esprit
français avait d'applicable au pays qu'il gouvernait,
fortifié par les talens que les révolutions politiques,
forcent à chercher fortune à l'étranger, le maître
d'Alexandrie et du Caire, sut tirer de sa possession
toute la puissance naturelle dévolue à cette position
géographique.

La France combattante sous Napoléon, et se ravi-
taillant sous la restauration, favorisa-t-elle ce mouvement. ?

En aucune autre manière que par les profits que
son commerce put retirer des productions de l'Egypte
en échange de son travail.

Dans la lutte sanglante de la Grèce, ce fut la France
au contraire qui dans un intérêt humain, contribua à
la destruction de la flotte du Pacha à Navarin, et qui
chassa Ibrahim de la Morée : Ce fut encore elle qui
contribua le plus efficacement à la fondation de ce
nouveau royaume dout le siège est Athènes.

Puisse un jour la gratitude, ou le simple bon sens
des Hellènes, l'aider dans la glorieuse mission d'as-
surer à tous, la liberté des mers, de leurs affluents
et du refuge des ports et des îles que la providence
a jugé nécessaire de semer sur le globe!

Puissent les enfants de l'orient, reçus fraternelle-
ment dans nos écoles, ne jamais méconnaître leurs
instituteurs, si désintéressés qu'on pourrait comparer
les savants explorateurs français aux chevaliers du
moyen-âge *prêtant* aux faibles l'appui de leur lance,
et, sans espoir de récompense, distribuant les leçons
de dévouement, de pur honneur.

Puissent les sujets, les esclaves des vastes contrées

qu'arrosent le Tigre et l'Euphrate, se souvenir que c'est
au pur esprit français qu'ils doivent les premiers
bienfaits d'un droit commun, imprescriptible en
tous temps, en tous lieux, droit sur lequel repose
*la civilisation vraie, que j'appelle la plus libre,
comme aussi la plus certaine communication des
hommes entr'eux.*

Mais pourquoi ces prémisses quand il ne s'agit que
de se rendre compte du fond de la question orientale?

Pourquoi? c'est que réellement notre intention est
de sonder le fond des choses, pour ne pas res-
sembler à ceux qui ne boivent que de la mousse sans
goûter la liqueur en vidant leur verre.

Pourquoi? c'est qu'en diplomatie le plus sérieux
des choses est ce qu'on ne dit pas, et ce que chacun
sent, ce qui faisait dire à Wicquefort que l'infaillible
moyen de déjouer ses rivaux en fait de négociations,
c'est d'avoir une marche franche (1).

Pourquoi encore? C'est qu'à côté des intérêts ma-
tériels, visibles, palpables, il y a l'intérêt moral,
l'intérêt de l'intelligence ; l'esprit, le cœur, qui font
marcher les évènements humains, comme les rouages
d'une montre en font marcher l'aiguille.

Pourquoi définitivement cet appel prématuré à la
reconnaissance des peuples de l'orient soumis à la
fatalité? C'est qu'en se soumettant à la force, ils con-
servent le sentiment du juste et de l'injuste, et que ce
sentiment divin peut les sauver du joug nouveau que
dès long-temps leur préparent la cupidité d'un gouvernement mercantile et l'ambition immodérée du
Scythe qu'anime un désir inné de domination (2).

---

(1) La Bible trace ainsi le caractère du véritable homme
d'état :
*Ante omnia opera tua præcedat te verbum verax, et ante
omnem actum tuum, consilium stabile.*

(2) *Vi dominationis compulsus.*   (TACIT).

C'est qu'à cette attaque incessante des deux méchants vouloirs qui troublent le monde, il faut surtout préparer, exciter le sentiment moral qui fait lever le bras pour résister à l'oppression.

Ces réponses sembleraient indiquer que ce qu'on nomme la question orientale serait plus vaste que les combinaisons et les manœuvres qui paraissent tendre à restituer à l'empire Turc la Syrie et l'Egypte pour redonner à cet empire une consistance telle qu'il puisse subsister par son propre poids.

Demandons d'abord si le puissant possesseur de l'Egypte refuse à son suzerain de Constantinople, l'appui de ses armes, contre ses ennemis naturels dont lets envahissements successifs et le but avoué sont la destruction de ce même empire?

Je suis, répond Méhémet, la force vive, *les reins de cet empire*, et *prêt à fondre sur ses ennemis*.

Et son intérêt garantit sa parole.

Il n'est point de conscience qui puisse révoquer en doute cette déclaration.

Donc, l'ennemi vrai de l'empire Turc, est celui de son plus véritable appui.

Donc, il faut l'affaiblir, le démembrer, le déconsidérer aux yeux de l'orient, attentif à ce grand débat.

Mais par quel aveuglement Constantinople s'allie-t-elle aux puissances dont elle a le plus à redouter?

Parce que la crainte est le plus mauvais conseiller; parce que la faiblesse se plait dans les atermoiemens; parce qu'elle aime à se leurrer d'un droit qu'elle croit légitime, à l'encontre de celui de la possession, du fait accompli, soutenu par la force qui, pour l'un ou pour l'autre, n'engendre pas le véritable droit; parce qu'aussi la corruption qui vendait les pachalis à l'encan, peut livrer en masse l'empire : demandez aux Anglais à quel prix ils ont démembré l'Inde, et souvenons-nous, pour les flétrir même en ligne collatérale, des infâmes fortunes d'aventuriers européens qui leur ont livré les Princes qu'ils avaient juré de défendre : regrettons même en passant, de ne pouvoir énumérer ici les noms des ministres traîtres à leur pays qu'ont soudoyé, pensionné les ennemis de leur pays (1).

Allégations gratuites dira-t-on, l'Angleterre et la Russie sont rivales, et cette rivalité même garantit leur commun désir d'empêcher la possession de leurs réciproques convoitises.

« Coupons dabord les ailes de l'oiseau que nous
« voulons tenir; puis après nous le dépécerons. Amis
« à la curée, renards au partage; s'il faut se battre,
« on se battra plus tard ».

Telle est la secrète pensée des ennemis de l'empire Ottoman qui se préparent l'exploitation de l'Asie : Et cette pensée secrète n'est pas un mystère pour eux : l'un et l'autre déjà supputent les éventualités d'un conflit.

Assertion hazardée; si Méhémet marche sur la capitale de l'empire, l'un débarque des soldats, et l'autre prend avec sa flotte, possession de la mer Marmara. Peut-on imaginer rien de plus loyal? La rivalité gardera la proie.

Illusions, vous dis-je, l'art de tromper ne conseille point de ce qu'il nomme fausses délicatesses; « Je
« possède et je garde, dirait le Russe, la clef de mon
« empire. Alors, répondrait l'Angleterre, je vais faire
« à Alexandrie un nouvel Aboukir; tandis que l'on
« viendra de l'Inde prendre possession de l'isthme
« de Suez.

A vous Constantinople; à moi l'Egypte: C'est entendu, signons.

Oui, signons, *provisoirement.*

---

(1) Il faut hélas, comprendre dans leur nombre un ministre de Louis XII, Georges d'Amboise qui fut richement pensionné par la république de Florence : ceci explique la magnificence du château de Gaillon.

Mais l'Autriche? la Prusse?...

Il est juste, il est équitable de payer leur assentiment en territoires, en têtes d'hommes, pour faire
un certain équilibre.

Mais la France?...

Oui, la France! nous serons quatre, nous serons tous
contre elle.

Et qu'on ne s'imagine pas que cette forme vulgaire
d'analyser les protocoles et les notes diplomatiques
n'en soit l'analyse la plus exacte.

En pareilles entreprises, il y a un mot final, et ce
mot, c'est l'annihilation de cette puissance tutelaire
du salut de laquelle, on le chantait il y a 50 ans, et l'on
peut le répéter aujourd'hui, dépend le salut de l'univers ; c'est l'anéantissement d'une nation antique et
généreuse qui sait que la justice doit marcher avant
la vaillance, comme le conseil avant l'action.

Justifions cette assertion.

La Méditerranée est le centre des relations de
l'Asie, de l'Afrique, et de l'Europe dont le génie et
l'activité embrasse le monde.

La question DITE ORIENTALE est posée sur la
Méditerranée.

D'ou il résulte que cette question embrasse la société humaine toute entière.

C'est sous cet immense rapport que nous allons
essayer de l'examiner.

En aurons-nous la force? les connaissances l'expérience, le tact pour l'appréciation des choses ne nous
manqueront-elles pas pour remplir une telle tâche?

Nous confessons notre impuissance à remplir un tel
cadre : nous déclarons que nous n'aurions même osé
en tracer quelques lignes, si nous n'eussions, en d'autres
tems, recueilli quelques idées principales sur le grand
conflit que peut faire naître l'alliance diplomatique
des quatre grandes puissances prépondérantes de

l'Europe, à l'exclusion de celle sur laquelle pivotent les relations des peuples civilisés.

Ce traité, ou si l'on veut, ce pacte qui tend à donner au nord la prépondérance sur le midi, à faire dominer l'est sur l'ouest, n'est pas spécial à la question Turco-Égyptienne; il représente un principe en opposition à un autre, un intérêt égoïste, à l'encontre du droit naturel et des gens, qui se réduit aux principes les plus évidens et les plus favorables au genre humain. En un mot, ce traité est une opposition à la civilisation de l'orient qu'on voudrait conserver stationnaire pour l'exploiter exclusivement : ce traité est un démenti donné à cette expansion que notre ambassadeur en Angleterre exprimait en ces termes, au diner du Lord Maire, le 20 avril dernier, aux applaudissements des célébrités de Londres : « Puisse un jour, le genre » humain tout entier, être uni d'esprit et de cœur, » dans son passage sur la terre, comme nous sommes » tous enfans de notre père qui est aux cieux. »

Or ce père commun a gravé ses lois dans le cœur des hommes qui les ont consacrées par leur assentiment.

Ces lois sont le droit naturel; et ce qui est naturel étant universel, ce droit est supérieur à la loi civile et plus étendu qu'elle.

Ce droit, inné et non écrit, est la raison suprême qui commande le bien et qui défend le mal; il est obligatoire pour tous les hommes.

Il est la souveraineté universelle supérieure à celle des peuples et des rois.

Il est le code des devoirs de peuple à peuple pour le maintien de la société humaine, en telle sorte que l'intérêt particulier de l'un est subordonné à celui de la grande famille. Cette définition du droit des gens, exige l'addition des principes généraux suivants :

1. Comme il n'y a d'autre législateur universel que Dieu, il en résulte que les nations ne sont réelle-

ment engagées entr'elles que par les lois de nature (1).

2. Que la volonté humaine ne peut souscrire de conditions durables contraires à ces lois.

3. Que la nature étant l'ensemble des œuvres de la création pour l'avantage de l'homme, ce qui est nécessaire à la communauté du genre humain, ne peut se diviser, tous ayant droit à en jouir.

4. Que par la conséquence de ce principe, la liberté personnelle, les mers, les fleuves, la pêche ne sont pas des choses aliénables : qu'il n'y a pas de possession contraire au droit des gens, ni de barre dans les mers (*mare clausum*); qu'ainsi l'Ukase Russe qui s'arroge jusqu'à cent lieues des côtes, l'empire de l'Océan dans les parages des îles Aleutiennes, n'a point plus de valeur que la folle tentative de Xercès sur la Méditerranée.

5. Par une conséquence semblable, la conquête d'un peuple n'est pas un titre légal de possession, et l'état de guerre continue.

6. C'est par le même droit qu'une nation indépendante qui se trouve malheureuse ou trop faible, a celui de se soumettre à une société mieux organisée et plus forte.

C'est sur le fondement de ces principes que Vatel, le sage Vatel (2), n'a pas hésité à déclarer « que les » gouvernements sont obligés par les lois naturelles, » de ne pas blesser la justice, et que si l'on était con- » vaincu de cette vérité, il s'établirait entre les » peuples une confédération naturelle, et que l'on » punirait comme ennemi du genre humain, tout » homme ou tout gouvernement qui se permettrait » ces violations ».

Point de loi, point de traité, point de droit contre l'équité naturelle dont la conscience publique, dont

(1) Puffendorff.
(2) Vatel publiciste du 17e siècle.

l'opinion reine du monde consacre l'utilité commune. Cicéron avait-il en vue des actes semblables à ceux de la coalition dont nous examinons les titres, les causes et les effets, lorsqu'il a dit : « Si tout ce que » les peuples commandent, ce que les princes décrè » tent, ce que les juges décident, constituait le » droit, on aurait le droit de dérober, etc. (1) »

Il est donc permis d'examiner jusqu'à quel point la jurisprudence politique des hautes puissances blesse les règles invariables de l'équité, et les droits dont l'évidence et la fixité sont si essentielles à la paix publique compromise par le traité dont l'apparition seule est une calamité.

On nous pardonnera facilement l'énumération des principes qui précèdent, si l'on considère que tout gouvernement qui n'a rien au dessus de lui, est juge dans sa propre cause, et que s'il n'y avait un droit naturel, symbole de l'utilité générale, un droit des gens, les puissances signataires du traité de Londres pourraient par l'abus de la force devenir le fléau du monde.

Répétons donc une dernière fois, que la justice et l'humanité ne peuvent être l'objet d'une convention, et demandons de quel droit on se permet depuis trente ans, de juger et disposer arbitrairement des territoires et des peuples, soit que l'on déclare que Rome fait partie de l'empire, que la Hollande qu'Hambourg sont réunis à la France, ou que l'on se partage les continents et les îles du globe ?

Quand c'est assassiner un homme que de le juger, le condamner, le frapper, sans l'avoir entendu, peut-on disposer d'un peuple, de sa nationalité, s'emparer d'un affluent, d'un point géographique sans que la communauté humaine ait donné son assentiment ?

Au moins les Francs-Juges assignaient-ils, écoutaient ils ceux qu'ils accusaient ?

____

(1) De Legibus, lib. 1, c. 43.

Et nous entendons sans résistance prononcer le jugement de la Pologne, de l'Italie, de la Syrie, de l'Helvétie; nous ignorons si à l'heure qu'il est on ne prononce pas en un lieu secret la condamnation de Cracovie, d'Hambourg et de Brêmen!

Quoi! lorsqu'en France la liberté civile est protégée par la liberté politique, lorsque depuis des siècles on a proclamé que le droit privé est sous la protection du droit public, les sociétés politiques, peuvent être la proie de la ruse et de la violence! et de telles choses se passent au milieu du 19ᵉ siècle, quand il y a près de cent ans, Condillac disait.

« Quelqu'inégales que les sociétés, soient en puis-
« sance, elles sont égales, en ce sens, qu'étant toutes
« indépendantes, les obligations sont les mêmes pour
« les plus puissantes comme pour les plus faibles. »

Oui, la liberté d'un peuple a pour limite celle des autres; leurs garanties sont réciproques, telles qu'elles existent entr'un homme et un autre homme, en ce sens que chaque peuple est un citoyen de la grande association, soumis à un droit naturel et commun, qui devrait lier les nations en telle manière qu'on ne pût nuire à l'un sans léser l'autre.

De quelque couleur qu'on veuille couvrir les actes diplomatiques dont la série menace l'Europe, quels que soient les prétextes dont on se serve, je dirai de ces menées, que « je connais quelque chose de
« plus odieux qu'une mauvaise action, c'est de vou-
« loir légitimer ce qui est contre le droit. » (1)

Pourquoi toutes ces citations?

Au fait, au fait; à l'orient, à l'orient, diront les esprits superficiels qui sans se soucier des principes, sans tenir compte des précédents et de l'enchainement des évènements où chaque cause devient effet pour produire à son tour d'autres causes et d'autres effets,

____

(1) Royer Collard.

ne sortent pas de l'anecdote du jour sur laquelle ils jugent de l'ensemble. Ce n'est pas d'ailleurs à ceux là que je me chargerai de prouver que je suis dans le cœur, dans les entrailles de cette grande affaire, non d'orient ni d'occident, mais du monde dont toutes les parties mises en rapport par la navigation, deviennent solidaires des lésions et des commotions politiques que je conjure par la puissance du juste et du vrai. (1)

Quoiqu'il en soit, reportons-nous un instant sur le terrain du conflit.

Dans un pays où le droit est la force, dans cet orient fataliste, où, pour nous servir de l'expression d'un arabe, la vérité est écrite sur la lame du sabre, un homme, le second de son siècle, met l'Egypte en rapport avec l'Europe, ouvre à tous voyageurs cette contrée que Volney n'avait parcourue qu'avec tant de dangers et de persévérance, ce pays où Thèbes étale ses majestueux débris! il veut que la Syrie prenne part à ce mouvement de civilisation; par sa puissance il empêche que ces contrées deviennent la proie d'une puissance Européenne qui en ferait l'objet d'un monopole; fidèle à son suzerain il lui dit, « Je suis votre force, votre « appui ; je suis pour vous ce qu'à la France les ducs de « Bourgogne auraient dû raisonnablement être, si un « tiers, (*et ce tiers fut tour à tour ou l'Anglais, ou* « *l'Allemagne*), n'eût divisé leurs intérets communs ; « que cet exemple nous serve à tous deux, rallions-nous, « prêtons-nous un mutuel appui contre nos ennemis, « que le sens de nos intérêts cimente notre union. »

Et le bon sens, conforme au droit commun, veut qu'on les laisse s'arranger, qu'on évite un nouveau conflit qui livrerait les Dardanelles, et le Nil, et l'Euphrate

---

(1) Cette liaison est telle qu'un nommé Thierry ancien soldat, est Roi de la nouvelle Zelande à 2000 myriamètres ou 5 mille lieues de la France ; Thierry vient de demander des missionnaires.

aux spéculations exclusives de la bourse de Londres, ou au régime arbitraire d'un gouvernement si habile dans l'art de fonder le despotisme par une organisation militaire qui menace le monde.

Nous qui voudrions répéter à chaque page de cet opuscule, *que le despotisme est une erreur, et que la guerre est une immoralité*, nous Français, nous deux et trois fois les sauveurs du monde contre l'envahissement des Arabes et des Normands; nous, destructeurs des vieux systêmes qui tombèrent avec la Bastille, hâtons-nous de répéter ce qui est vrai de toute justice personnelle, *que les atteintes portées à un peuple sont une menace pour tous les autres :* ajoutons que nul n'a le droit de s'emparer exclusivement de ce qui appartient au genre humain suivant les vœux de la nature et les desseins du créateur.

Et dans cette situation morale de la cause prise dans son actualité la plus générale, la plus flagrante, forts de nos principes, demandons sur quel titre, repose le mandat de la Russie, de l'Angleterre, de l'Autriche et de la Prusse pour décider et notifier à la pointe d'un nombre déterminé de bayonnettes, leur arrêt collectif tendant au démembrement de la vitalité orientale, dont la seule inertie s'opposerait à leurs ambitieux desseins !

Cette réunion de Londres a-t-elle le caractère d'un congrès ou d'un arbitrage? Non certainement. Donc, c'est une ligue. L'arbitrage emploie d'autres voies; l'arbitrage n'exclut pas, mais il appelle les vrais amis des parties contendantes. Evidemment le traité de Londres est une ligue.

Mais si c'eût été un congrès?

Et que serait-ce qu'un congrès vrai? L'appel des principales parties pour délibérer en commun d'une chose commune?

Pourquoi pas toutes les parties? C'est que nous ne tenons qu'à ce qui est praticable et que nous repoussons les utopies, les anachronismes, bien qu'un grave publiciste de l'Allemagne, Puffendorff, ait voulu cette grande réunion qu'il appelait la grande République, *civitas maxima.*

La décision de Londres, qui n'est le résultat ni d'un arbitrage, ni d'un congrès, blesse donc virtuellement les états secondaires menacés par la ligue anglo-russe.

Dans cette supposition d'un congrès vrai, toutes les affinités naturelles de l'Europe et des points pricipaux du Monde se r'approcheraient de la puissance généreuse de la France qui pourrait en cas de lutte, diriger les intérêts divergents, en admettant comme individus, chaque état intéressé à maintenir soit l'équilibre, soit l'usage général et conséquemment libre, des mers, affluents et positions géographiques usurpés par des intérêts personnels, lequel usage étant naturel demeure imprescriptible.

Et serait-ce la France qui aurait la prépondérance dans cette réunion ?

Nous répondrons que chaque nation est un être collectif, et que ce fut par une conséquence de ce principe, qu'il fut déclaré par l'ART. **20** de la déclaration du droit des gens « Qu'il n'y a point de préséance entre les agens des diverses nations » détruisant ainsi les querelles scandaleuses dont les traditions encombrent les annales de la vieille diplomatie.

Quant à l'influence qui naît de la force morale unie à la puissance, sans violenter le libre arbitre, elle est et demeurerait entre les hommes et les nations, un résultat naturel des facultés et de la possession.

Cette courte digression sur la ligue, l'arbitrage et le congrès ne sera pas jugée étrangère à la question, en ce qu'elle indique les moyens moraux, raisonnables qui peuvent prévenir la guerre que nous avons nommée une immoralité, dans le sens qu'elle serait entreprise contre le droit naturel.

Sur ce point délicat et pour rendre notre pensée mieux que nous ne pourrions le faire, consignons ici, cette belle pensée de Platon.

« De la même manière que l'habileté qui n'est point
« conduite par la justice, doit passer pour fraude et
« pour tromperie plutôt que pour habileté, le cou-
« rage le plus intrépide dont l'intérêt est le premie-
« mobile, et *non l'utilité publique*, est plutôt aur
« dace et brutalité que courage. »

Par une application facile de cette pensée, la France, véritable médiatrice de l'intérêt européen, la France en défendant l'utilité publique, aurait le courage moral, en opposition avec l'habileté frauduleuse, l'audace et la brutalité des intérêts égoïstes visant à la domination.

La cause qu'elle embrasse étant juste, elle n'aurait pas, en droit, à redouter la guerre, funeste extrémité, qui n'est permise qu'en cas de péril, alors, que la faiblesse, la longanimité deviendraient dangereuses. (1)

Nous n'admettons donc pas comme actuelle l'application de ces paroles d'un homme d'état éminent: (2) « Substituer la victoire à la diplomatie, c'est subs-
« tituer un négociateur lent difficile, et querelleur
« à un négociateur prompt et décisif »

Les principes que nous invoquons sont tellement sacrés, que la victoire ne saurait les faire fléchir.

Protestons d'avance contre ce négociateur, aventureux, comme le Romain protestait contre le vainqueur Hannibal en achetant les champs sur lesquels il campait: « *Le droit de la guerre*, répétons-le,
« vient *de la justice de la cause* » Le fruit de l'in-

---

(1) *Si perire permittat, ista potius mansuetudo crudelis est.*
(St-Augustin.)

(2) M. Thiers, qui du reste, n'a entendu parler que du résultat de la bataille de Nézib.

justice ne peut jamais être consacré; jamais violence n'engendra le droit: Que l'Allemagne, que l'Italie nous entende; il n'y a point de force, ni de traité qui puissent aliéner la souveraineté nationale: l'Anglais annula l'acte de Jean-sans-Terre qui s'était déclaré le vassal du Pape, et de nos jours, l'Espagne se leva contre l'abdication de son Roi en faveur de Napoléon.

Que si l'on prétendait encore, que dans notre examen, on continue de s'écarter de la question, en s'attachant préférablement aux principes : nous dirons *Qu'étant notre force et l'appui de nos conclusions,* nous ne pouvions nous trainer sur les traces de ces bannalités journalières qui se combattant pour des riens, n'avancent et ne décident rien.

Cela dit, redemandons-nous une dernière fois, *Qu'est-ce pour la France et pour le monde, que la question Orientale?*

C'est en présence de la Russie, de l'Angleterre, fortifiées de leurs acolytes Autrichiens et Prussiens ; c'est par la réunion des principaux éléments des congrès de Vienne et de Véronne, *une question de vie ou de mort pour la civilisation.*

C'est le partage arbitraire; l'inique possession des terres et des voies de transports, c'est un retardement prolongé des résultats naturels des travaux et des événements de près d'un siècle.

Quoi! pour l'Egypte et la Syrie dont à peine on parlait, ce grand ébranlement des pensées, ces vibrations du cœur et cet émoi des peuples?

Cette question serait-elle plus grave que celle qui par un instinct incroyable fesait courir en Palestine, les peuples éperdus en criant: Dieu le veut!

Oui sans-doute; le monde à grandi de toute la vitesse des communications et de la multiplicité des relations? On ne peut aujourd'hui toucher à rien sans que le grand tout s'en ressente.

Donc, la question Orientale pivotant en ce moment

sur l'Egypte et la Syrie, est une question d'intérêt universel.

Voyez d'abord, l'Égypte produit du Nil qui la traverse en la fécondant, c'est le grenier de Constantinople, comme autrefois de Rome.

C'est le territoire obligé du transit de l'Asie et de l'Afrique.

Là, s'élève Alexandrie recevant les produits du Nord et de l'Occident. L'Egypte est la clef de l'Afrique orientale, et le confluent naturel de cette contrée qui doit un jour déverser sur le globe les richesses qu'elle renferme.

C'est encore en Égypte que se rendent ces caravanes religieuses et mercantiles, arrivant d'un côté, de Fez, de Maroc, de Tunis et de Tripoli; de l'autre côté est l'Abyssinie que nos voyageurs en ce moment explorent pour la rendre au genre humain; puis Tangoust, et ces lointains continents qui sont en rapport avec le Sénégal et le Cap.

Une telle contrée pourrait-elle sans danger passer entre les mains d'un peuple assez puissant pour s'en approprier les immenses avantages ? (1)

Le même intérêt se rattache-t-il à la Syrie ?

Il est plus grand encore.

La Syrie, célèbre contrée, où, sur le mont Thabor, Moïse abolissant le paganisme et proclamant l'unité de Dieu, défendit le meurtre, le faux-témoignage, et l'envie, la cupidité racine de tous les maux : la Syrie par le mont Liban commande le désert et cette mer, où fut Sydon rivale de Tyr. Là, coule aussi l'Euphrate qui donna la vie à Babylone : là, les grands souvenirs de la civilisation par le Christ; le Jourdain et le Golgotha, la naissance, la mort et la résurrection de celui dont

---

(1) On ne conçoit pas comment l'Autriche en adhérant à l'alliance peut compromettre le commerce de 28,300,000 fr. qu'elle fait avec l'Egypte — (Voir le Moniteur du 5 Août 1840).

2

la parole demeure à jamais vivifiante : Mahomet Ta-
merlan, Napoléon, foulèrent ce sol fameux où deux
fois signala sa vaillance, le Français sans lequel rien
de grand ne s'est fait au monde; sur cette terre
Godefroy, vainqueur de Jérusalem, planta la croix
sur le croissant; là, sont les restes de la civilisation chré-
tienne, les Druses et les Maronites; c'est également en
Syrie qu'est le sépulchre saint du rédempteur, du
régénérateur, du droit naturel et divin, qu'ici nous
défendons. La Syrie ne saurait donc appartenir à une
nation insulaire, demi européenne, demi asiatique;
elle est naturellement placée sous la protection du
peuple qui sauva l'Europe de l'Islamisme et qui doit
la délivrer aussi des chances féodales qui pèsent encore sur elle. Ainsi, en ne considérant, la question
que sous le rapport des deux importants territoires qui
nous occupent; ni l'Egypte, ni la Syrie, ne peuvent
retourner entre les débiles mains du Sultan, d'où les
arracherait la ruse ou la violence des puissances dont
la prépondérance n'est aujourd'hui contrebalancée
que par la France.

Ce n'est rien de posséder si l'on n'a les forces pour
conserver. Le Pacha d'Egypte, nous l'avons déjà dit, est
la seule force vitale qui s'oppose au démembrement
de l'Empire Ottoman dont le partage occasionnerait
ces longues convulsions que la prudence et l'énergie
de la France tendent à prévenir.

Et qu'on ne se laisse point leurrer par de vaines déclarations; que l'on sonde, que l'on constate dans
tous ses replis, la marche astucieusement persévérante
qui prépare la ruine finale de cet empire; signalons
donc nettement le désir séculaire du Moscovite, im-
patient de dominer du haut des tours de Ste-Sophie,
deux mers et deux continents! démontrons aux moins
clairvoyans les vues de l'Angleterre sur la Syrie que
l'Euphrate parcourt jusqu'au golfe Persique; son désir
de s'emparer de l'Isthme de Suez par lequel le Portugais

Albuquerque voulait conduire les eaux du Nil ; position objet de tant de combats que voulut posséder Venise reine autrefois des mers pourrissant aujour-jourd'hui dans les lagunes !

N'y aurait-il pas avec nos voisins quelques moyens d'arrangement ? ce qu'ils prétendent, nous le savons, c'est le passage de l'isthme de Suez, (1) c'est pour exercer des represailles en cas de refus, qu'ils se sont emparés d'Aden pour commander le détroit de Babel Mandel.

« Nous voulons au lieu de 6 à 7 semaines aller en « 15 jours de Londres à Bombay.

Il n'est point défendu de désirer le mieux : à notre tour, nous voudrions bien dans le même délai, de Pondichery arriver à Marseille ; «Mais attendu, reprend l'Anglais, que le pacha d'Egypte s'oppose à notre passage, nous voulons qu'il obéisse à son seigneur et maitre le sultan, lequel étant sous la main du Russe, il nous convient pour le moment de nous allier à ce dernier », — Et l'effet de cette alliance cessant avec la cause, vous reviendriez à nous — Alors cordiale-ment ; — Pour que nous vous aidions contre lui ? — Ses envahissements veulent l'union des deux pays — d'accord, mais en attendant, souffrez que je sois au moins neutre, et qu'en cas de besoin, j'appelle à moi tous ceux que vous voulez exclure de votre monopole mercantile : Les voies naturelles sont à tout le monde, et ce que tous ceux, qui n'étant pas avec vous sont avec nous, désirent, pourrait bien un jour s'exécuter. Il ne faut pour cela qu'une homme de tête et de cœur et la France n'en manque pas. — Nous le savons, et tout en nous séparant nous ne cessons d'être bons amis,

---

(1) Les Anglais préfèrent cette voie à celle du golfe Persique et de l'Euphrate, parce qu'elle ne présente pas les mêmes acci-dens de navigation et de terrain, et ne nécessite pas autant de transbordements, enfin, parcequ'il ne faudrait pas la disputer aux Russes.

pourvu que vous nous laissiez faire. — C'est par ma foi, trop de bonté ; je veux en revanche, vous donner des preuves de la mienne : Rallions-nous, mais que ce soit dans un intérêt général : abandonnez Aden, et le Pacha pourrait facilement concéder une ligne neutre que sillonnerait un chemin de fer (*franc*) de Suez à Alexandrie. A notre tour nous vous offririons, la jonction de la Manche à la Méditerranée, en traversant en deux jours le territoire Français, sans ce détour immense qui vous force à franchir le détroit de Gibraltar. — L'Egypte et la France obtiendraient ainsi d'immenses avantages ! — Dans le commerce il faut que chacun gagne ; qui n'a point d'argent ne peut acheter — L'idée peut être bonne, mais Il faut voir. — A votre aise, voyez ; mais tenez-vous pour dit, répétez à vos amis que nous ne consentirons jamais au monopole des points géographiques d'où un peuple prétendrait rançonner les autres, comme les chevaliers du moyen-âge, dont les chateaux commandaient les gorges des montagnes. — Nous verrons cela, vous dis-je, et les occurences, les conjonctures guideront notre marche ultérieure. — La nôtre est à jamais tracée ; ce que la providence a créé pour tous ne peut être la propriété d'un seul.

Il semble que sans raisonnements d'avocats, et sans arguties de procureurs, les agens de la France à l'étranger, en appliquant le bon sens aux grandes choses, démontreraient facilement à l'Autriche qu'un jour une flotte russe pourrait remonter le Danube, et à la Prusse qu'elle doit être allemande avant d'être le bras d'un autre empire.

Dans nos rapports individuels avec ceux qui craignent l'oppression du nord coalisé dans cette question qui, d'orientale qu'on la dit, est en réalité occidentale, soyons-nous à nous-mêmes d'habiles plénipotentiaires et cherchons avant tout l'alliance des idées.

Hommes de sentiments, prouvons qu'ils sont un

guide plus sûr que les spéculations versatiles de ceux qui vendent leur esprit sans avoir de cœur à donner.

Disons à tous que la gloire ne fonde rien sans la justice, sans la raison, sans la vérité, qui en définitive, obligent la violence à rendre compte de ses œuvres.

Conjurons tout conflit sanglant, ne recourons qu'à la dernière extrémité à cette fortitude qui défend la patrie et protége les faibles, essayons s'il se peut, par la raison, de calmer les flots qui s'élèvent et de faire régner sur la terre ce bel ordre qu'on voit régner invariablement dans les cieux : contre les maux que nous craignons, point de remèdes intempestifs; sachons quand il faut se lancer et quand il convient de s'arrêter ; n'attisons point le feu avec le glaive, ni ne perçons l'abcès avant qu'il ne soit mûr (1), mais faisons un appel *au sens commun* des intérêts du monde. Et que cette droiture dirige les représentans des nations...

Dans cette position expectative, examinons les ressources que pourrait offrir à notre juste cause la politique considérée comme une branche de la morale universelle, et qu'on a défini l'art de gouverner un peuple de la manière la plus conforme à son bonheur, sans nuire à celui des autres : cette définition qui, rendant à cette science toute sa dignité, répudie ces petites manœuvres où l'habileté est vile, où le mal se fait sans puissance pour opérer le bien, où des joueurs de gobelets, sachant respectivement le secret de leurs tours, demeurent sans prestige : et la ruse, cette petite ressource des petits esprits qui déclinent la morale en politique, serait impuissante en face des évènements qui semblent se dessiner.

La haute voix de la France doit retentir nette-

---

(1) *Secta immaturè vulnera, deterius infervescent.*

St. Grégoire.

ment : elle a dans son histoire des déclarations toutes prêtes; en voici :

« La nation française renonce à entreprendre « aucune guerre contre la liberté d'aucun peuple. « (Constitution de 1791).

« Les entreprises contre la liberté d'un peuple « sont un attentat contre tous les autres. (Article 15 « de la Déclaration du droit des gens, 1795) ».

C'est par la pure intelligence qu'on peut rentrer dans le bien , sans aucune exception à ces principes de justice; c'est ainsi qu'à moins d'agression « nous » ne considérerons pas comme fondées en droit » naturel, les guerres qui, par une correspondance » naturelle, se faisaient anciennement en faveur de la » conformité des gouvernements, comme celle des » Romains, *pour la liberté de la Grèce*, (1) et » celle des Athéniens pour établir ou pour détruire » des oligarchies, ou des démocraties. » (2) Trop souvent celui qui protége asservit celui qui l'oblige; la forme ne fait pas le fonds, et l'on pourrait citer des sociétés démocratiques, où prédominent des principes contraires au droit naturel, servant de fondement à ces observations.

Hâtons-nous cependant de réserver à la France de chercher par la persuasion, à tenir l'équilibre entre les forces morales, les affinités des sentiments, et la puissance matérielle qui la menacerait.

Pour conjurer l'orage, faisons appel aux besoins réciproques des populations, d'échanges, de finances, liées, mêlées et devenues solidaires par une longue paix, et nous épargnerons peut-être d'horribles destructions d'hommes et de choses. C'est par cet argument final, que la morale est la politique la plus pure,

---

(1) C'est par cette manœuvre qu'ils ont procédé pour l'asservissement de ce pays.

(2) Le Chancelier Bacon.

que nous repousserions au besoin les faux fuyants qui
retardent le cours des choses sans l'empêcher : allons
au fait principal, et qu'il y ait solution, afin que la
diplomatie du 19ᵐᵉ siècle n'encoure pas ce reproche
consigné dans la Bible : « *Ils ont pansé à la légère*
» *la fille de mon peuple, ils ont dit paix et paix,*
» *et il n'y eût pas de paix.* »

Répétons à satiété que c'est par la pure intelligence
qu'on rentre dans le bien; que la morale c'est la justice,
que toute justice émane de Dieu, et que si nous la
recevions de si haut nous n'aurions pas à nous débattre,
à nous épuiser en efforts, en armées improductives (1).

Ces principes pourront exciter le rire dédaigneux des
habiles de ce monde, mais je leur répondrai avec
Vatel : « Si l'ignorance s'élève contre moi, j'aurai les
« gens de cœur, les amis des lois, les vrais citoyens »

En ces conjonctures si sérieuses, et qui seules peuvent justifier cette espèce d'audace que j'ai de toucher
à des matières si graves, j'invoque celui qui protége la
France :

Pour qu'il lui conserve les hommes à longue vue qui
possèdent l'instinct qui fait agir le temps; qu'il lui
donne des observateurs munis de l'anneau de Gygès qui
faisait voir sans être vus; des volontés, des résolutions
nettes pour l'action et le tems d'arrêt : des paroles
graves et sincères unies à la persévérance : des esprits
éclairés, possédant la science du passé, la connaissance
du présent, pour en tirer de justes conjectures;

Des esprits éminents et semi-prophétiques, dont
le mérite est de prévoir ce qui doit être, sans pourtant
préciser comment?

Des hommes sages et prudents qui suivant l'expres-

---

(1) La fin de tout gouvernement, c'est la paix ; et le moyen
de l'entretenir est de faire régner partout la raison, parce qu'il
n'y a que la raison qui puisse rallier les esprits.

Mallebranche.

sion de Bossuet ne laissent rien au hasard de ce qu'on peut lui ôter par le conseil et par la prévoyance.

Et ces hommes éminents, ce n'est pas pour la France seule que je les désire, je voudrais qu'à Londres, à Pétersbourg il y en eût qui sussent que nul n'èst maître des dispositions que les siècles passés ont mis dans les affaires; « que l'homme avance dans l'exécu- « tion des plans qu'il ne connait pas, et qu'il est « l'ouvrier libre des plans qu'il n'a pas conçus » (1)

Un historien diplomate de l'Italie semble ratifier les paroles par cet aveu.

Di cosa nusce cosa.

Mais si cet enchainement fatal d'effets et de causes amenait la nécessité d'une guerre justifiée par nos principes! si pour rasséréner l'horizon long-tems chargé de nuages, il fallait un orage, un tonnerre et ses foudres incendiaires?

Si enfin la menace était telle, et le danger tellement flagrant que la force seule pût défendre le droit?...

Alors invoquant cette maxime, qu'on ne nuit pas quand on nuit par nécessité! (*Non est nocens quicumque non spontè est nocens.*)

Soumis à cette loi suprême de la nécessité, le cœur calme, la tête haute, le regard fixe, faisons briller nos armes, avant d'en faire usage.

Montrons d'abord à l'ennemi cette France compacte où tous sont un : pays dont la puissance, l'agilité sont le résultat des proportions relatives de son territoire avec sa population rajeunie, retrempée, palpitante des souvenirs glorieux qu'elle veut égaler, qu'avec une raison plus mure elle peut surpasser.

---

(1) Bossuet. On lit dans le mémorial de Ste-Hélène que Bonaparte au commencement de son consulat avait souvent à répondre à ses amis, qui lui demandaient où il allait? Et il disait: je n'en sais rien. Il ajoute que les évènements ont été plus forts que lui.

Faisons briller cet éclair d'intelligence qui dirige et illumine le courage.

Rappellons un exemple récent de cette fortitude dans la résistance d'une centaine de français contre des milliers d'ennemis :

Les hauts faits d'armes en garantissent de nouveaux maintenant est-ce à l'orient, est-ce à l'occident que le nord conjuré voudrait porter ses premiers coups?

A l'orient :..... nous y voici. Déployons une mappe-monde et manœuvrons, jouons puisqu'il le faut cette grande partie dont l'humanité est l'enjeu, et nos têtes les dez et les pions. Luttons. A nous les braves! Dieu et le droit, advienne que pourra! Celui qui juge les justices rendra à chacun suivant ses œuvres.

Soit dit que l'arrêt de Londres, qu'on s'est empressé de revêtir de toutes les ratifications, ait été notifié à l'Egypte d'évacuer cette Syrie, cette terre si mémorable! Et que Méhémet Aly, dans sa brève parole ait répondu : *Non* et *Si*... *Non*, je possède; et *si* l'on employe la force, je me défends. — Il faut bien l'attaquer, et pour l'attaquer brûler une flotte embossée puis débarquer, combattre, vaincre ; il faut pour remplir ce but, une seconde flotte pour observer celle de la France qui bien qu'inactive, opérerait déjà une puissante diversion.

En supposant que la ligue ait vaincu et qu'elle règne par le sang sur l'Egypte et sur la Syrie, et que la France n'eût pas a agi, croiriez-vous le fait accompli? Méhémet fut-il mort qu'il aurait un vengeur dans l'Inde : De la Meque, de l'Arabie, au cri d'*Allah*, *Allah!* des hordes ; des puissantes tribus, ne pourraient-elles aller renouveller sur l'Indus et le Gange, le projet de Napoléon qu'avait préparé Lascaris? (1) Et dans l'Inde sont encore vivans les Marattes; dans les montagnes de l'Asie

---

(1) D'après des mémoires connus, cet ancien chevalier de Malte dévoué à Napoléon, était parvenu à concilier les Arabes pour ce grand projet auquel aurait concouru une armée française débarquant en Syrie.

est un royaume de Lahor où le français Allard a formé des soldats: Pondichéry n'est plus qu'un nom, mais là, est le tombeau de Typo-Saëb, avec lequel la France succomba ; là, ne meurent point les ardens souvenirs d'un peuple stationnaire et contemplatif.

Mais sont-ce là toutes les chances de ce gigantesque combat dont l'univers serait le théâtre ?

Anglais, votre guerre au céleste empire serait-elle sans retentissement en Europe ? La Chine a de l'or en monceaux, et l'or enfante des corsaires qu'elle cherche déjà dans nos ports. Le céleste empire sort de son isolement, et c'est un fait notable à constater ici.

Mais vous avez grand nombre de vaisseaux que vous pouvez multiplier encore.

Qui beaucoup veut tenir, a beaucoup à garder. Vos stations forcées absorbent une grande partie de vos moyens d'action (1). Une grande surface a plus de points tangibles qu'une autre de dimensions inférieures.

Sont-ce là tous les embarras lointains de la fière Albion ? N'y a-t-il pas en Amérique une ancienne colonie française ayant nom *Canada ;* est-on d'accord sur certaines frontières, et vos rivaux dans la marine consentiraient-ils facilement à vous voir possesseurs exclusifs des voies les plus directes qui conduisent à Golconde et à Calcutta ? Réfléchissez-y bien , Angleterre, et suivez-moi en Europe, où sans que la France ait encore agi, d'autres embarras vous attendent.

Compteriez-vous sérieusement sur le dévoument pédriste ou miguéliste du Portugal sous votre obéissance en vertu d'un traité subsistant par le droit du poing ? Harlington vous dira que « S'imaginer qu'une

______

(1) Ces stations sont : Lisbonne , les Indes orientales et occidentales, l'Amérique du nord , l'Amérique méridionale , celles d'Austrasie, d'Afrique, les services spéciaux, les ports de l'Angleterre, enfin l'armée navale de la Méditerranée.

» nation veuille se dévouer elle-même pour garder sa
» foi, ou un traité qui l'engage, plutôt que de renoncer
» à cet engagement, ce serait le comble de la folie, si
» ce n'était même l'absurdité la plus pitoyable ! »
C'est au même titre que je vous demande si le fier
Espagnol voit sans indignation le sol national échancré,
et les canons de la Grande Bretagne braqués sur son
territoire, contre son territoire.

Naguères vous teniez la Sicile d'où vous pouviez de
Malte, Eoles revolutionnaires, souffler sur l'Etna, y
faire sonner contre Naples les Vêpres siciliennes, dont
le bourdon retentissant de Messine à Reggio, de
Reggio dans les Calabres, résonnerait de clocher en
clocher jusque sur le Tésin.

Malte, les Iles Ionniennes sont en votre pouvoir,
mais il est une Grèce délivrée par la France, une
Grèce renaissante par de vieux souvenirs, qui vous
demanderait les lieux enchanteurs où se célébrèrent
les Jeux Olympiques.

Vous convoitez Candie; régnez d'abord en Égypte.

L'Autriche qui craint pour Trieste, où sont réunies
ses richesses, l'Autriche qui se souvient d'Ancône, et
qui redoute, comme vous-même, un débarquement
sur l'Adriatique, risquera-t-elle pour vous franche-
ment sa flotille ? Ne le pensez pas.

La Hollande vous sera-t-elle au moins plus favo-
rable? son bon sens la rend neutre, sa rancune au
besoin en ferait une ennemie. La possession du Cap
garantit cette disposition.

Vous ne compterez probablement pas sur la Belgique;
la Hollande et la France ne lui permettraient pas
de ces revirements que lui reproche l'histoire.

La Prusse, d'ailleurs, est aussi là, qui veut dominer
sur la Meuse avec ses hautaines allures, et son esprit
antipathique à celui des races belges et flamandes.

La Prusse qui de Dantzig aux portes de Metz se des-
sine sans consistance sur la carte de l'Allemagne, la

Prusse avec ses deux ports marchands sur la Baltique, quel appui vous offre-t-elle en Orient ? Et à quel propos intervient-elle dans ce conflit lointain ? Nous le dirons plus tard.

Plus sages que la Prusse, le Danemarck et la Suède ne se laisseront pas entrainer. L'incendie de Copenhague repond de la résistance des gardiens du Sund.

En se lançant dans les éventualités de cette capricieuse entreprise, le cabinet de St-James a-t-il songé que l'Irlande pourrait avoir un autre archevêque de Cantorbéry, un successeur de Thomas Béquey qui défendit contre les rois normands la nationalité Anglo-Saxonne ? (1)

Ce cabinet dans ses spéculations ne peut certainement compter sur les puissances secondaires qu'un instinct de conservation rattache à la France.

Il menace de reprendre Alger ! Oublie-t-il que la France y est, et Lord Exmouth n'a pu qu'y lancer des bombes impuissantes ?

Dans l'appréciation générale des conjectures qu'on peut imaginer, on sait probablement à Londres l'immense différence existante entre le bâtiment à vapeur voguant contre vents et marée, avec les chaloupes de Boulogne et de Calais.

On peut, repondra-t-on, espérer un conflit, un nouveau Navarin, où l'Egyptien et le Français s'entre-détruiraient avec le Russe, qu'on aiderait un peu, en conservant ses forces pour accabler ensuite les combattans affaiblis et blessés.

Un proverbe ancien, disait : Je crains les Grecs et leurs présents ; l'expérience des peuples l'applique aux Russes et aux Anglais dont il redoute l'alliance.

Et quelle dérision que celle d'alliés visant au même but, la puissance dans l'orient, la possession du golfe Persique par l'Euphrate.

---

(1) De braves gentilshommes l'assassinèrent au pied de l'autel.

Comptez sur la fidélité quand l'intérêt vous en répond.

Possesseurs de l'Inde, qu'un mot d'histoire vous éclaire.

Il y a à peine cent ans que Pierre-le-Grand prit Azoff et fonda Tangarog : Catherine voulut la Crimée et Souvaroff mit Ozakoff à ses pieds; d'Ozakoff naquit Odessa, et d'Odessa l'empire que le Russe s'arroge sur le littoral de la mer Noire.

Ce fut encore Catherine qui fomenta la première insurrection de Morée, qu'elle abandonna lâchement.

Mais la liberté est fille des mers et c'était par la mer que, plus tard, le Grec devait triompher.

Quelle conduite tint alors le magnanime Alexandre, despote à Verone, démagogue à Argos : peu soucieux du Grec, mais ennemi de la flotte turque dont il se débarrassa a Navarin. Alors l'Angleterre a frémi du piége où elle était tombée; serait-il vrai qu'on ne devient pas toujours sage, même à ses dépens.

Après Navarin, la guerre dont Varna fut le théâtre, et l'occupation d'Andrinople et des traités d'alliance (*casus fœderis*) dont on fomente l'application.

Le reste est trop récent, trop répété pour le mentionner : qu'on fasse toutefois observer que la Russie tient les îles et les bouches du Danube, qu'avant de fondre sur l'Asie méridionale, elle se fortifie sur la mer Caspienne, et tente un grand effort sur la Circassie.

Et l'Autriche, l'Autriche ? quel délire la fascine ?

Le jour cependant approche où Nicolas pourrait prendre sur le Bosphore la clef de cette cité vouée à Constantin son-frère, qui ne succéda pas à son malheureux père, dont on connaît le mot : *Les Dardanelles sont les portes de ma maison.*

Puisse, pour l'Angleterre même, ne jamais s'accomplir le problême de la chute de sa puissance dans la Méditerranée.

C'est alors aussi que l'Autriche rendrait Venise vassale de Constantinople quelle a fait trembler si long-tems : Et pense-t-elle que l'Autocrate grec, ne voudrait pas faire des sujets de tous ses co-religionaires ?

On se demande encore le rôle que la Prusse prétend jouer dans le drame guerrier, dans ce tourbillon de poudre et de feu, éclatant et fumant aux quatre coins du monde ?

A quel titre cette puissance germanique vient elle engager dans la lutte, des populations en dehors du conflit, et dans la seule expectative de la résistance de la France aux décisions du nord sur l'orient ?

Compromise par la nature même de sa puissance usurpée sur l'Allemagne et la Pologne, conquérante secondaire sous l'apui d'un pouvoir incessamment armé et envahissant, la Prusse serait-elle libre de son inaction ?

Mais il lui faut aussi sa clef de l'Elbe, les bouches du Rhin ; son assiette sur la Meuse ; que la Hollande, que Hambourg, que le Danemarck le sache, et que le Hanovre ne l'oublie pas, il fut déjà occupé par la Prusse.

Et cet excellent peuple Allemand, religieux, moral, si franc penseur, si énergique au 16me siècle ; en **1814**, **1815**, si enthousiaste, si dévoué, pour reconquerir ses droits, ces antiques Germains pourraient-ils voir un ennemi dans la France forcée de combattre pour elle ; pourraient-ils, eux si positifs, si consciencieux, méconnaitre en nous, les défenseurs des lois de vérité d'honnêteté applicables aux nations comme elles obligent les individus : non, ils ne seront plus abusés, ameutés contre le pays de l'Europe où leurs individualités sympathisent le plus, où les pensées de leurs grands hommes précieusement recueillies, sont traduites, et promulguées dans la langue expansive qui met en action les idées, auxquelles elle donne la vie.

Saxons, vous n'oublierez pas la fidélité de votre roi punie dans ses sujets : Bavière, Wurtemberg, vous sauriez d'où vous viennent votre consistance nouvelle, et cette première rupture des entraves qui s'opposaient à l'unité germanique.

Peuples du Rhin, si morcelés, vous vous rappel-
leriez qu'il exista pendant quelque tems un état Cis-
Rhénan, ami de la France, et qu'une frontière commune ferait cesser les entraves qui paralysent le
commerce entre les deux pays.

Braves Helvétiens, fidèles gardiens des Alpes, la France
aurait droit de compter sur votre noble indépendance.

Vous tous, hommes et peuples qui m'écoutez, en
ce grand conflit que j'adjure, vous auriez en pardon-
nant aux sujets, à vous rappeler que le principe qui
nous poursuit a fait rougir les mers de ses dépréda-
tions, et qu'un autre d'Attila, un Gengiskan moderne
a déjà dévoré plus d'une nationalité.

Il est encore une Pologne, comme il est une Suède
une Norwège où la providence a conservé le germe
précieux de la liberté, de la moralité : Ne perdons
pas ce point de vue, le salut de l'Europe peut en
sortir un jour et se répandre sur ces nobles races Slaves,
du Borysthène et du Danube, que le premier meurtre
de Varsovie a rendu les ennemis de leur commun op-
presseur : que l'on veuille bien aussi considérer l'immense différence qu'offre la France avec la Russie !
Dans le premier de ces pays, les braves, les dévoués
sont aux frontières, dans l'autre sont des peuples con-
quis, asservis, impatients de soulever le joug, et
l'on ne s'effrayera plus de ce colosse menaçant.

Je n'ai point énuméré toutes les parties de cette
association morale sur laquelle repose mon espérance
pour la paix, et notre force dans la guerre.

Cette association des cœurs, je me plais à le répéter,
peut seule un jour calmer cette mer orageuse qu'on
nomme la politique, et faire régner dans le monde le
bel ordre qui règne dans les cieux (1).

Quels que soient les nuages rembrunis de notre horizon, croyons que Dieu disposera les choses par des
voies dont sa bonté seule peut nous donner la conso-
lante idée.

____

(1) Boëce, *Traité des consolations.*

Déjà, les montagnards du Liban ont fait leur paix avec le défenseur de la Syrie. *Sous la dictature d'un commun danger*, les Français se rallient ; les minorités dissidentes ne voudront triompher que par l'autorité des principes, par la modération et la justice : Soumis aux lois, ce n'est pas les outrager, que d'en désirer de meilleures : mais leur perfection même a son progrès naturel, En nous attachant aux principes, en devenant meilleurs nous aurons un gouvernement meilleur, un gouvernement représentatif de la moralité, de la fortune de la France.

La fortune de la France ! Dieu ne vient-il pas déjà de lui livrer un aveugle instrument de la discorde ?

O honte ! j'en ai la rougeur sur le front ; de Londres sur un navire anglais, un collatéral de Napoléon, en face de cette colonne d'où son œil menaçant provoqua la puissance qui creusa son tombeau, un Bonaparte, un esprit délirant, a fait couler le sang français ?

L'angleterre vient de rompre la quadruple alliance ; en même tems qu'elle signale un service rendu par la France, elle proclame un pacte solennel avec le nord coalisé. (1)

Les ennemis de Waterloo reformeraient-ils leurs rangs !...

En garde citoyens, Citoyens, unissons nos saintes, nos calmes volontés et la victoire sera le prix de nos vertus. Et cette question de l'orient aura sa solution conforme aux vœux des nations réunies sur la place de la Concorde, où les enfants de l'occident et les enfants de l'orient, s'embrasseront au pied de l'obélisque.

Dieu protège la France.

Alexandre-Usmar BONNAIRE.

(1) Voir le discours de la reine d'Angleterre du 11 août 1840.

Meaux. — Imprimerie de A. CARRO, Éditeur du Journal de Seine-et-Marne, rue Bossuet.